Cuando el musculo se apaga y el amor se hace
sabiduría.
De Francisco Antonio Camacho

El Despertar

Abro los ojos,
La oscuridad enciende
Ante mí la vida,
Como en la noche, los duendes,
Corriera lentamente la cortina,
Y entra la luz,
Entra suavemente el día,
Es una nueva oportunidad,
Ante mis ojos, ante la mira,
De lazar todo el esfuerzo,
Toda mi alma toda mía,
Quedo atrás mis yerros,
Mis sufrimientos,
Y lo que me oprimía,
Abro los ojos,
Y el trinar hecho melodía,
La vida en libertad vuela
Sin preocupaciones
Y a porfía.
Y nadie caerá en tierra
Sin que el Ser se lo permita.
Mi humanidad en lucha,
Acumula las tensiones,
Ya sean pocas o muchas,
Todo tiene en mí la medida
Ni más ni menos en mi existencia,
Sacando angustias, demonios y demencia
Cuando la paz está en fuga,
Y la tranquilidad es una pequeña nota,

Una fusa,
Y la tolerancia es la medida
Que cada bolsillo soporta,
No en todos es la misma,
Son distintos los fantasmas,
De las pre ocupaciones,
Y dejamos que nos opriman.
Quizás sea necesario
Para dar lo mejor de cada uno,
Si las cuerdas de mi guitarra no se tensan
No podría hacer música,
Los pájaros comen, vuela y trinan,
Cada uno con su melodía,
Y cantan mientras vuelan
Y cantan esperando su comida.
Sin reclamar nada en el día
El secreto está en el canto,
En la gratitud, en la algarabía,
Sinónimo de paz y sonrisas,
De que siempre tendremos,
El pan de cada día.
Pero siempre estoy buscando
Cataplasma humana,
Para calmar el calor
De esta lucha ardua,
Mi recipiente está lleno
Y el alma en dolor,
Porque en esta lucha y el ardor
De preocupaciones vanas,
No somos pájaros, ni la sombra
Y porque no somos,
Todo se desborda,

Como una hoja llena de letras
Nada nuevo en ella entra,
Ni la palabra amor.
Tengo que mirar,
Tengo que tirar,
Lo que no sirve
En esta locura diaria,
La falta de fe cuando veo
El mezquino pan del día,
Algunas veces juega a la escondida,
En la mano de mi Padre
Que amaso por mí,
Y para la ceguera del quien no sabe
Ya que la luz en su razón
No cabe,
No está vacío para recibir,
La presencia de mi Padre,
Para el sano vivir,
Porque lo que hay que comer
El descanso y el dormir
De la mano de El sale.

**Y el tiempo nos sorprende amándonos,
con nuevas formas de decir "te amo"**

A estas alturas.

En esta altura de la vida,
Cuando la carne esta serena,
Los músculos en caída,
Pero no es la edad,
Dicen que es la gravedad
Que para abajo todo tira,

En estas altura de la vida
Pienso más,
Y todo corre,
Y pasan los demás,
Pero no tú, en mi alma estás escrita,

Eres mis letras y lo que escribo,
Sin quedarme en las bajas
Sensaciones del ombligo.
Eres la rúbrica de mis memorias,
En mi corazón, lo distintivo,

Eso que le dicen amor,
Ese torbellino y suave vibración,
Tú la imagen, mi vieja pasión,
Esa canción,
Que cantamos los dos,
Pero siempre es nueva,
Tú presencia en mí,

Movimiento de dulzura y dolor,
Cuando estamos bajo el fragor,
De esa incomprensión,
De la luz que buscamos,
Los dos no atamos,
A la razón,
Que iluminaba los sentidos,
Siempre mostrando el camino
Donde arribamos pisar la tierra,
Desde el corazón,
Donde los distinto
Era el trabajo de la aceptación.

Amor bonito,
Amor del paso al paso,
Amor del beso al suave abrazo,
Donde mi existencia se entrega
Todo a vos.
Amor de lecturas,
Amor de artesanía y hechuras,
Para que el camino siempre me lleve a vos.
Amor de imágenes y plegarias,
Amor en la suela de tus sandalias,
Para que mi vida viaje contigo
Por donde tú vayas,

Amor de líneas rectas,
Amor de líneas curvas,

Amor de fruta madura,
Cuando las letras
Hablan de los dos.

Amor de rascacielos,
Por más que construya,
Y me eleve,
Nunca es suficiente para llegar
A tu altura,
Estrella que mi vista mira,
Mas eres el cielo,
La contemplación pura,
La silenciosa oración,
Aunque sea profunda y breve,
Tu eres mi hermosa devoción.

Tus pies acompasado con el mío, tus huellas con las mías, con el mismo
rumbo y destino

Si, decidí caminar

Si decidí caminar
Se puede hacer de distinto modos,
Siempre con la mirada en alto
La fuerza interior sobre todo,
Para el alma animar,
Sacar el espanto,
De lo pesado que puede ser el andar.

Si decido caminar,
Todo lo que pesa
Paso a paso voy a sacar,
Sentir como la briza
Mi rostro besa,
Tirare lo que no sirve,
Con la mirada al frente altiva y en paz
No mirare el pasado, dejarlo todo atrás,
En estos camino una sola vez
Se vive,
Siempre hay vivencias nuevas
Para conocer y experimentar.
Pero tú en mi vida
Siempre acompaña y te quedas,
Eres lo divino que en mi anida,
Por donde mis pasos,
Viajan o en algún paisaje se queda,

Ya que soy tu vaso,
Tú el elixir de mis mejores vivencias,
La cordura de mis demencias,
La fortaleza, el firme vástago,
Donde mi esperanza afirmo,

La tierna seguridad de lo que viene,
Me lanza y nadie me detiene,
Elevando mi ser a ti atino.
Compañera de mis fuerzas

Donde la coyunda tiene firmeza,
Imagen femenina de lo divino,
El almuerzo sobre la mesa,
Y tantas cosa que compartimos,
Amor y destreza,
En el paso a paso de la vida,

Si salgo a caminar en mi geografía,
Y camino adentro lo que vivo,
Es que tu mi compañía,
Luz, arma, y energía,
Y precisión donde apuntar.
Eres mi latitud
Y mi meridiano,
La ubicación exacta de mi andar.

Cuando todo está hecho y todo es pasado, tan solo estoy contemplando y vivo.

Viajando en el tiempo

Viajando en cielo profundo,
Surcando más de los setenta,
Deje las guerras
Y los gritos iracundos,

Para doblegar la existencia,
Tantos sentimientos, e intensiones
Eternas.
Deseo de súper héroe,
Dispuesto a vencer
Todas las guerras.
Tanta pasión y amor
En noches ya muertas.
Heraldo de ideales rotos,
Para encontrarte en mi mundo,
Tuve que quedar desarmado,
Y dejar en tierra mi escudo,
Y en la oración salgo esperando
Eres lo que no veo,
Eres de mi corazón
La fe probada a fuego
Mi vida y la tuya que esperan.
Y mueve mis huesos,
Mi alma y la tuya se traspasan
En un sagrado encuentro,
Es que ahora son otras las vivencias,
Otros los momentos.
Mis fuerzas que a partir de mis cincuenta,
En la manecilla de mi reloj
El tiempo diluyó,
Es la vuelta de mi vida,
Esas bisagras que para la pasión,
Es un silencio y ausencia,
Donde el abecedario es nuevo,
Nada cuenta,
Es la espera en sí misma,
Es el cambio de visión,

Es quedar siego de cosas muertas,
Es nacer después de haber nacido,
Y quedaron los sentimientos,
Atado a un suspiro,
La fragilidad de mis huesos,
La carne que cae al piso,
La tierra tan solo atrae,
Como llamándote lentamente,
Y como sabueso,
Busco y varias veces miro,
Cuando oteaba el panorama,
Seguro y altivo,
Mis gafas subsidiaria de la visión
Que se quedó en un pliegue de lo vivido.
Mis padres,
Mis seres queridos,

Los ato a mis oraciones
Para que no caigan en el olvido,
Y esa loca esperanza,
Del encuentro,
Cuando mi carne tiesa
Mirada a cielo abierto,
Pierda la firmeza
Ante la tierra, alimento.

Cuando el amor es un apoyo mutuo, y nuestro cuerpo la cascara de nuestra existencia

Cuando

Cuando el destello del amor
No es tan intenso en la carne,
Más que una tregua del honor
Es un desarme,

Quedaron las sensaciones del pensamiento,
El recuerdo florece y nuevas formas de amarse,
Es que el fragor de la gran batalla,
Es tan solo una ilusión, que vuela en el aire,
Sensaciones, recuerdos del triunfo y del buen amante, la medalla,
Donde en el amor quedo muerto,
El gozo y la carne,
Está en paz y relajada.
La libido se fue en la puesta del sol,
En esta tarde.
Tan solo queda la oración,
Como preparación para que el sueño
Sea manso y suave.
Y tu mirada en la mía,
Sonrisas, y el mate.
Mis manos que buscan las tuyas,
Y las tuyas abiertas esperándome,
Sin recorrer tu geografía,
Los collados y los valles de tu cuerpo,
Es que tuvimos tanto y sin alardes,
En el silencio de nuestra habitación,
Donde era silenciosa nuestra canción,
Cuando el musculo acompasado
Y lento, late, late,
Amor sereno, amor tierno,
Amor sabio que prepara,
Las alas para el vuelo,
Uno las abrirá primero,
La respiración profunda de la ausencia,
Una espera, te veré más tarde.

La vida

Esa energía fulgurante,
Que se proyectaba hacia adelante,
Donde la realidad en uno,
Era suposición,
Mas era fuerza, el deseo, la pulsión,
De tener todo en el vacío del presente.
Esa energía, que te mantiene en vilo,
Recogiendo los momentos glorioso
Las coronas de olivo,
Donde el aquí y él ahora estaba herido,
Por parir el anhelo,
Del alma el deseo,
De la mente el objeto.
La energía inquieta,
Que calma cuando trae,
El gozo, el momento, la contemplación.
Pero como herida abierta
A nuevas circunstancias.
El hombre de lo que tiene se cansa,
Y ve en su mundo una propuesta
De una nueva ilusión.
Pero nunca piensa,
Que hay debajo de ese movimiento,
Ilusión, deseo, gozo y cansancio,
Para empezar de nuevo.

El hilo de tu existencia me tiene, vuelo en tu espacio y me siento feliz.

El hilo y mi volantín

Como el hilo de mi volantín,
Anclado desde mi tierra,
Se levanta al espacio sin fin,
Como mis sueños cuando mi corazón vuela,
Altivo todo contempla,
Amor expandido que sueña,
Ama y navega
En la lontananza de tu alma cuando estas frente a mí.

Ahí estas,
Con las más variadas fragancia,
Tú, mi hermoso jardín,
Y el hilo que tu corazón me ata,
Vuelo como un cometa,
Pero, en mi terruño, es volantín,

Como el velero en el mar profundo
A velas abierta,
Surfea las profundas olas,
Sin temor a la zozobra,
El hilo lo tienes tú
Y tú está ahí.

Caminando

Caminando entre los arboles deshojados,
Como mi alma sin colores,
Ausencia de vida, inmóvil, plantados,
Esperando los verdores,
Con que se viste los verdes prados,

Tan solo mis lágrimas a mi tierra han mojado,
Tu ausencia mato mil amores,
De este loco malhumorado,
Secos mis ojos, secos mis parpados,
Sin comprender tu indiferencia,
Sin saber que alejo de mí tú presencia,

Soberbio con la gallardía de un soldado,
Se rehúsa ver errores,
No sé si será que esto estaba escrito,
Sus cóncavos y mis convexos no se han tocado,
Y mi corazón me lleva a pensar y opino,
Que por más escrito o destino,
Mi amor no llego a ella, y yo, no me sentí amado.

Cuando la vida se transforma en un sueño, donde lo trágico es una paciente experiencia en el tiempo. "todo pasa"

Es que la vida a estas alturas

Es que la vida por esta latitud,
Por estas alturas,

Ya no son las energías que fluyen
Entre corcheas, fusas y semifusas,
Lentas y nuevas son las sensaciones
Notas blancas y negras incluyen,
El despertar de mi humanidad,
Y estas ahí tú presencia pura,
Donde ya dejamos de ser presencia,
Conquistando la realidad,
No hay parte libre del cuerpo,
Que no la atraiga la gravedad,
Aunque mantener firme el músculo,
Mantener firme la figura,
Es lucha que a las ilusiones del ego,
Destruye,
Quemando toda vanagloria y vanidad.
Tú estás bella, cuerpo y alma en mi cama,
Otrora vertiginosa dulce melodía,
Derrochando presencia y energía,
Se aletargo él te amo y tú me amas,
Donde las sensaciones profundas,
Es una dulce y triste elegía,
Del infortunio en la vida,
De tu mirar y mi parecer.

Pero nuestros cuerpos y alma,
La que vibra y ama,
Entre notas negras,
Entre notas blancas,
Acompasado movimiento de una singular calma,
Danza lenta entre abrazos y miradas,
Yo de pie te contemplo

Y tú con tus sueños en la cama,
Un beso, un buenos días,
Una sonrisa fresca y un querer,
El comienzo de una melodía,
Comienza este nuevo día,
Comienza este amanecer.
Para que tengas paz
Para que tu alma recupere la paz,
Tendría que desarmarte,
Tomar tus manos y sacar,
Tu escudo y la espada,
Que en otrora, firme y sagaz,
Por el tesoro de tu corazón, luchabas,
Blandías y blandías y el horizonte cortabas,
Todo por tus hijos,
Es que la conciencia de madre,
No crece.
Son niños y necesitan cobijo.
Aunque ya partieron,
Volando lo que la vida le ofrece,
Quedo vacío el nido,
Quedo vacío los abrazos,
Ya hay mucho espacio,
Tan solo palabra de lo que dices,
De lo que digo,
Ellos aprendieron de tus luchas,
De tus sueños,
Por lo que tanto te esforzabas.
Pero la batalla no ha terminado,
Sigues blandiendo la espada,
Por los polluelos que algunas veces vienen los fines de semana.
Entre tus hijos y tú está el campo de batalla,

Y esa maternidad nueva y ampliada,
Es que son tan solo niños,
Reminiscencia de lo que vivías y amabas.
Y luchas para que sus vidas se abran,
Y los viejos fantasmas,
Con la que tu corazón luchabas.

Es que no sé porque
Es que no te busque,
No sé porque llegaste,
Aunque de tus intenciones dude,
Tu presencia efímera, volaste,
Cuando mi corazón se aferraba,
A lo que no tenía,
Y tan solo, sensaciones me dabas,
Mi pobreza mucho decía,
De mi pobreza mucho se hablaba.
Es que tu bella presencia se imponía,
Evadir tu imagen no podía,
Mi alma extasiada,
Nunca supe lo que tú tenías,
Pero oculto en tu ser ahí estaba.
Las búsquedas, la osadía,
De que viniera algún día,
Sin ningún miramiento y despiadada,
A interpelar mi corazón y mi mirada.
Tan solo estas en mis oraciones,
Cuando muere la noche,
Cuando nace el alba,
Antes que trinen los pájaros,
Antes que muere el lucero del alba,

Mis oraciones era, el cómo te amaba.

Siempre al corazón, pregunta mi alma,
Dime el porqué de tus sentimientos,
Porque de inteligencias naufragas,
Me haces vibrar sin miramientos,
Huérfano de razones, tu siempre mandas.

Por más

Por más que quieras,
No puedo ponerme en tus zapatos,
Para que comprendiera,
La profundidad de tu dolor,
Puedo rozar la piel de tu alma,
Y si me lo permitieras,
Es un gran honor,
Cuando el alma cruje,
Cruje desde el tiempo,
Desde el grito eterno de tu nacimiento,
Y como tejiste tu vida,
Con distintos puntos,
Tus sentimientos.
No sentimos los mismo,
El grito iracundo,
Cuando nos parte en dos la acerada hoja fina,
Cuando nos matan sin miramiento,
Cuando son distintos nuestros mundo.
Y muchas veces por mirar distintos,

Ser socialmente un difunto,
El rito sagrado de lo pactado,
Miembro del sagrado grupo que domina,
Y el paria dominado.
¿Dónde está la luz del santo entendimiento?
De aceptar lo no aceptado,
Tan solo son ideas y pensamientos,
Izquierda, derecha, centro y del otro lado.
¿Dónde está el valor del ser humano?
Es que cada valor y acto valorado,
Son los distintos números de nuestros calzados,
Habla de distintos caminos,
Que cada uno hemos tomado,
Decisiones sagradas del grial de la vida,
De los tesoros no alcanzados.
De lo soñado y los para soñar.
¿Hay razones por tantas distinciones salir a matar?

Al alba

Al alba cuando mueren las estrellas,
En una estela de esperanza,
De contemplarlas de nuevo
En esta bonanza,
De renovar su presencia en este vuelo,
Del astro que destella,
Cubriendo de colores la tierra y el cielo.
Al alba se despierta el mortal,
Con una oportunidad bella,
De enderezar los yerros,

En una nueva creación total,
Donde el amor es el horizonte, el destello,
De su propia humanidad.
Al alba empieza la lucha ciega
Y sin impunidad,
De los que delinquen y se niegan
A vivir en la verdad.
Nada los sujetas, ni el castigo, ni lo grotesco ni la fealdad,
Sus alma surfea en su propia oscuridad.
Al alba uno empieza la oportunidad de amar,
De ser una nueva persona,
Y la vida nueva, nuevo accionar,
Donde el corazón indica el rumbo.
De lo bueno que atesora,
Para compartir y perdonar.

Y pasa
Sin encontrar una melodía que abra el alma,
Las letras juegan a las escondidas,
Y las sensaciones que vienen y están a las idas,
Es una azarosa lucha para estar en calma.
Y mi ser se divide entre las letras o el canto,
No tengo voz de ángel ni soy un encanto,
Quizás soy una tortura, un espanto,
Pero no hay actividad tan hermosa,
Que tener el corazón en lo alto,
Lejos del devenir de las cosas,
Que te chupa lo bueno como ventosas,
Y atrapada queda el alma encerrada y con esposas.
Respiro profundo
Y exhalo en silencio,

Sacando lo bajo del corazón, lo iracundo,
Las heridas que no me matan, pero me dejan moribundo,
Y el grito sagrado de la liberación,
Que es una salida cuando no hay oración,
Y como barrilete quiero elevar mi alma,
En las letras o en una canción,
Que cual suave briza que pasa,
Más allá de las heridas,
Estas tú, mi tierna y amorosa devoción
Que es

Que es una poesía,
Letras atadas con sentimientos,
Atadas con armonía,
Letras tiradas al momento,
O pensadas, o desveladas,
Sin ser del amor un testamento,
Es la fragilidad y la luz de un hada,
Que esclarece las letras detrás de una sonrisa.
Es la letra hija de un dolor,
De un olvido,
Desafío del amor,
No correspondido.
Letras que pintan el rostro de esperanza,
Cuando el corazón se desploma,
Cuando pinta el ser y danza,
Aun teniendo una virtud sola.
Maravilla de las letras y del sentimiento,
Atada al amor sin miramiento,
Es un grito sordo y sin misericordia alguna,
Cuando las letras clama amor,

Y ya no tenga sentido la luna,
Pero tiene sentido mis letras,
Sabiendo quien sos,
Tiene sentido mis letras,
Cuando se dirige a vos.
Porque no es un grito mezquino,
No es un grito ufano,
Esta escrito con la tinta de tu "ser" humano,
Y lleva el encanto y el brillo de lo divino.

Quisiera que mi

Quisiera que mi ser,
Volviera sentir,
El encanto de un fresco amanecer,
Y haga vibrar mi carne el deseo de vivir,
Vivir después de haber sepultado a cronos,
Después de revoluciones haber destruidos
Mis viejos tronos,
Donde altivo me subía ayer,
Quisiera que mi ser,
Sigiloso en este devenir,
Aprendiera bien sentir,
Para claramente ver,
Tus ojos en mis ojos tener,
La comprensión de tu vivir.
Es que los años de espadas,
Entre oraciones y empuñadas,
Matando los demonios del momento,
Dejando que entre la luz en nuestro firmamento.

Para tener en nuestro amor las cosas clara.
Amor, amor de tantos pasos,
Al compás de nuestro canto,
Tus pisadas en mis pisadas,
Suave quedo la voz airada,
De aplacar con la paciencia de amar tanto.
Mujer que matabas el letargo,
Para pasar lo amago
De nuestras diferencias,
Es que el peso de nuestra herencia,
Adn, cultura, del pasado la tragedia,
Del pasado el canto,
Del pasado el llanto,
Que marcaron nuestra humanidad,
Más como eres, en ti me quiero anidar,
Por qué en el anverso de mi existencia,
Estas tú, mi amorosa presencia,
Y a ti siempre volar.
Porque soy tu fuerza aérea,
El lugar donde mi tonto corazón,
Suele amar.

Estabas en tu mundo, absorta en lo que hacías, era toda una invitación a ser uno mismo.

Y estabas ahí

Y estabas ahí a la ronda, ronda,
Dando vueltas seis cuadras a la redonda,
Como liebre salvaje y con bronca,
Exhalaba por tus poros, todas tus zozobras,
Limpiabas entre salto y salto cuantas imágenes de tu memoria.
Yo estaba ahí,
Tanta belleza concentrada,
Tus músculos sincronizabas,
Tus movimientos y frenesí,
Y no se encontraba en el presente tu mirada,
Exorcizando momentos de tus luchas y airada,
Y al compás de cada salto,
Tu respiración al unísono
Tu corazón, tu encanto
Fresco y únicos.
Tan solo te vi pasar,
Yo en mis lentos trancos,
Te pegaste a mí y me deje llevar,
Y sin que te des cuenta y me llevaras,
Zurcido a tu existencia y a la distancia de dos varas.

Entre saltos, respiración y corazón, demonizabas,
Las imágenes y personas que en ti volaban,
Y el tiempo tejió el momento,
El encuentro,
Tú no lo buscaste y yo tan solo esperaba,
Y ante la puerta de mi ser estabas,
Presente manifestabas,

Tu encanto ante mí,
En paz tu mirada,
Y sin el viejo frenesí,

Te miro
A una distancia para que no perdieras tu espacio,
Mi mirada cubre tu entorno,
Respetando tus límites,
Esa geografía la que parece un adorno,
Al mirarte me sacio,
Al traspasar tú presencia y tú me lo permites,
Ese juego del tener sin tenerte,
Porque lo mío es amarte,
Y no quererte,
Porque se quiere a las cosas,
Y tu humanidad mi amiga, mi amante,
Mi esposa,
La magia está en la transversalidad,
De tu espacio y mi espacio,
En el tiempo y la distancia que uno goza.
Misterio del amor y dejarse ser amado,
Libre en su humanidad,
Y no ser esclavo,
De la ansiedad y la inseguridad,
De uno y el que vive a tu lado.
Es que estas distante,
Y a la vez cercana,
Es que viajas del tú al yo,
Como rayo de luz radiante,
Endulzas mi alma,
Y la entrega de tu ser en mi ser,

Cual embriagante danza.
Donde nace lo auténtico y muere el parecer.
No sé si es el cuerpo o el alma la que vibra,
O la dos,
Como las cuerdas de una guitarra,
Como suave melodía,
Que recorre mi esencia y también está en vos.

Tu mirada
Yo soy el charco,
De aguas claras,
Que en tu pequeñez tú mirabas,
La vida que en mi guardo,
Pero tan solo te cautivaba,
El movimiento de los renacuajos.
Imagen que en ti, el tiempo guardo en tu alma,
Pero la realidad murió de cuajo.
Niña en mí se reflejaba,
El verde de tu mirada,
Dulce color pradera,
Dulce como la miel,
Tu cabellera,
Dulce tu alma por Dios creada,
Mi niña tienes el silencio,
De la puesta del sol,
Simple, hermosa, dorada,
Ángel que traspaso el tiempo,
Y en mis letras estas contemplada.
Quiero seguir siendo un charco,
Simple ante tu mirada,
Quiero ser el cristal de vida,

Para que sigas presente
Esa imagen desde tu alma,
Quiero ser charco para estar vigente,
Tu atención que en mi traspasa.

En el principio el uno

En el principio cuando la carne,
Tan solo vivía,
El musculo latía,
Y la conciencia aceptaba lo que le concierne,
Nada oculto estaba en el firmamento,
Hasta que el hombre creo el tiempo,
Cuando empezó a ver como él y las cosas morían,
Era uno el gozo,
Uno el encuentro,
Una la luz para el humano momento,
Hasta que el hombre encontró el dos,
La dualidad entro en la carne,
En las sensaciones,
Hizo estrepitar el corazón con emociones,
Encontró las estaciones,
Aprendió que estaba dividida,
Cerró la puerta del gozo,
El sentido perenne de lo eterno,
Quedando atrapado en la carne fría.
Como cuesta la luz,
Lo diáfano entre el yo y el tú,
El amor quedo atado, apareció la cruz,
Unas lágrimas en la mejilla.

La pérdida, la mentira,
La palabra segura quedo herida,
Por la duda ante la verdad.
El hombre que vivía en uno
Creo la dualidad,
La vida es una lucha,
Llena de orfandad y desnuda,
Esperando el abrigo de la eternidad.

Me llego

Me llego el sueño,
Y me atrapo pronunciado tu nombre,
Creo que era una oración al infinito,
Para que permanezca en mi camino,
Para que yo sea el donde,
Regresan tus vuelos.
Y en el ensueño,
Mi alma se ensancha,
Tu imagen dirige mis suspiros,
Es que Tu mirada me alcanza,
Y deseo tus besos benditos,
Que borran mis caídas y me dan alas,
De halcón peregrino,
Que a la distancia mira lo que quiere,
Y lo que quiere tiene su vuelo y su camino,
Y lo que quiere lo atrapa,
Ay mi alma mi alma,
Ante tu presencia constreñido,
Es un sueño o estoy en vilo,

Dulce presa que por amor servido,
Mi atención que tú desatas,
Ya sea muerto o vivo,
Amor que se contempla,
Y en sueño no se alcanza,
Amor por amor vivido.
Tan solo tu luz, tiene su recorrido,
Y mi alma tiene sus ojos,
Y yo soy su destino,
No deseo como una cosa tenerte,
Sino sentirte en lo recibido,
Tu ser tiene su luz,
Sin que mis palabras sean lisonjeras,
Y en su afán comedido,
Y el deseo de realidad es un grito,
Que por seguirte en sueño,
Mi alma es viajera.
Y no es la cantidad, sino tu virtud,
La que contemplo y gozoso,
Al sentirse en plenitud,
Tan solo vuelo por los cielos
En los lugares donde estás tú.

Con el tiempo.

Con el tiempo aprendí que amarte es un acto de fe.
Sé que estás ahí
Y en tu ausencia,
En el anverso de mi ser,
Porque vuelas y estas allí,

En tu espacio,
Esa geografía, lugar de tu existencia,
Y vuelves sigilosa y despacio,
Al lugar de nuestra común presencia,
Raíz y sentido de nuestro existir,
Donde es placentero nuestro tiempo,
Pero necesario el partir,
Con el tiempo descubrí,
Que amarte es un acto de esperanza,
Porque en la lucha de lo cotidiano,
Las horas son momentos,
Y mirar las agujas del reloj es una gran bonanza,
Porque estando solo, sin ti no sé a dónde ir,
Y me alegra la espera y contemplarte a lo lejos tu venir,
Donde el encuentro es nuestra danza,
Es festivo de nuestro común vivir
Con el tiempo me di cuenta que el amarte,
Es un gran acto de caridad,
Porque cada encuentro es remembranza,
Y una lucha comentada,
Compartida y aceptada,
Donde nos damos desnudos de vanidad,
Donde el trabajo de nuestra existencia es nuestro porvenir,
Ante lo caduco de las cosas que pasan en este devenir,
Y me alegra tanto que estés ahí,
Donde lo tuyo y lo mío es nuestro mundo,
Que se escapa de lo urbano,
Y del común sentir,
Pero ante ti mi vida tiene rumbo,
Porque tu ser en mí ser esta dibujado.
Contenido, medido, amado,
Porque tú y yo somos así.

En el despertar

En el despertar de mi carne,
Despierto ya estaba tu ser,
En la lucha de matar al niño,
Y un nuevo camino emprender,
Y no se en que día,
Para mis ojos, dejabas de ser niña,
Niña que quedabas en el ayer,
Donde el juego, era un ganar o un perder, intensiones y estrategias
llamadas al desarme,
Eran ya otros los pretextos para contigo quedarme.
Las palabras encerradas en mil preguntas,
Para fijar mi permanencia,
Aunque te gustaba más mis motivos.
Que palabras atrapadas, locas y arrogantes,
Donde ya no tenían sentido mis interrogantes,
Como antesala de toda demencia
Mi mirada perseguía,
Las tuyas buscando mi presencia,
Y pasaste a volar como nunca,
En mi corazón y en mi cabeza,
Ya no me sentía niño, viajabas en mi cuerpo
Produciendo tantas rarezas
Que ni yo comprendía,
Niña y Mujer de antiguos encuentros,
Pienso en ti en algunos momentos,
La sonrisa, lo etéreo, el amor,
Mariposas, dolor,
Sensaciones prigenias,
De mi mente,

Tu mi geografía, ella viajera,
El temor,
La pérdida y el horror,
Sensaciones que me ponían demente,
Mujer primera,
Donde mi deseo posó,
La bitácora de mi vuelo
Eras lo más distante,
Y lo más cercano,
Para mi mente,
Tu era el lugar donde naufragaba el dolor al instante,
Tu mi puerto deseado.
Mujer,
No sabía si estar o no estar,
Si quedarme quieto o volar,
Cada mañana me sacabas del reposo,
Y con la inteligencia muerta, sin pensar, ciego viajaba para contigo estar,
Tu mi primer amor,
Tu mi gran gozo,
Y una vez quedo en la cama el mocoso,
Soñoliento en su sopor,
Y no se quería levantar.

Si se callara

Si se callara el corazón altivo,
Que finge sentimientos
Y con destreza,
Con la sed del dominio,
Y sin ningún miramiento,

Con sus palabras lisonjeras tiene
A sus semejantes cual presa,
En su mundo en cautiverio,
Dando a su ego el sentido.

Si se callara este ego con un triste pasado
Que lo ha reprimido,
Donde el ser en su esclavitud reza,
Esperando ser liberado.

Si se callaran los grandilocuentes grandulones
Que con sus rugidos cual leones
Tiene dominado a la sociedad,
Instalan mentiras como una gran verdad,
Y los que tienen la verdad ahora son dementes,
Que llevan el anatema en su frente,
Y todos miran al otro lado,
En la escuela de lo poco valorado,
Pero mejor ser mártir de los pensamientos ciertos,
Que perder la libertad.

La vi pasar

En la paz de mi cotidiana vida,
La que se construye y es elegida,
Te esperaba en la serena tarde,
Como todos los días,
Ritual cotidiano hasta que el corazón arde,

Mi alma quieta deseaba saludarle,
La vi pasar hermosa, fresca y altiva.

La vi pasar y mi ser con ella iba,
Pegado al bordado de su pañuelo que en su casaca ella vestía,
Estampa de una verdadera ninfa,
Y toda mi ser ante su presencia crujía,

Es que el temor es tan grande,
Tan solo un rechazo, mi alma en dos partiría,
Sin encontrar curación alguna, muerta quedaría,

Loco soñador preso de su tierna algarabía,
Y ante tanta belleza no se anima,
A enfrentar su presencia,
De gran corte y hermosa estampa fina,
Yo con mi simple hidalguía,
Conquistar su corazón no podría.
La vi pasar, otras tardes en distintos días,
Mi ser la sigue pegado,
al bordado de su pañuelo que en su casaca ella vestía.

La belleza se vistió de tiempo, el amor se cultivó de encuentros en donde estábamos tu y yo.

En tu mirada

En tu serena mirada,
Esta mi alma altiva,
Cubierta de mil honores,
Tu en la mía,
En tu paz, y motivada,
A dibujar mis errores,
Que a mi ser espantaba,

Y entre oraciones
Y con fe viva,
Con serena paz me amabas,
Sembrando en mis heridas,
La luz para ver las razones de mis caídas
Para que la causa olvidara.
Cuando mi ser estaba a la deriva,
En mis luchas cotidianas
Y en el tronar del conflicto, me amabas,
Y la vida corrió como un rio,
La tierra, atrajo a nuestras carnes, grávida,
Agrietándose, se estiro, cabio de imagen, cambio y conflicto.
El viento y los desaires,
El amor caminando en nuestras vidas, perdido, sin mirar a nadie,
Del amor a la ausencia, el salto al vacío,
El alma, el frio,
La vida tiene sus pequeñas olas y su transitar suave,
Como un rio,
Yo busque en ti, y tú en mí, cada uno nuestra imagen,
Resucitando el peculiar brillo,
Es que en ti estoy escondido,
Amor, mi amor amarte,
Es lo que rescata de la muerte,
Tus ojos en los míos al mirarte.
Por más que el tiempo nos transforme en luz,
Siempre como bello abrigo,
Cruzas en mí el cielo azul.
Y en pleno vuelo te consumes y yo consumido,
Mi amor amado al contemplarte.
Tengo dos

Tengo dos versos
Que salieron en una noche,
Un baile, una odalisca,
Que habla de momentos alocados
Y una suave briza,
No es que ella me había provocado,
Para el amor a mi edad doy rizas,
Pero humilde, como uno tantos de esos,
Los que se leen sin tanta prisa,
Ni tan locamente enamorado,
Tengo dos versos,
Que algunas veces lo lleve en el ojal de mi camisa,
Encerradas palabras que liberaba
Cuando me sentía preso,
Aunque sereno me mostraba a simple vista.
Es amor encerrado pero no es para la odalisca.

No se que

No sé qué tienen las palabras,
Mágicamente claras,
Que viven en el tiempo,
La que te resucitan el alma,
Las que te siembran flores,
Y te pintan el firmamento,
Palabras tan hermosa,
Como hermoso es el momento,
Donde los segundos,
Obreros de la manecilla del reloj,
Les da el movimiento.

No sé qué magia encierra las palabras,
Cargada de amor eterno,
Cuando con ellas te dibujan, mi bella dama,
Encerrada en el encuentro,
Salen de tus labios cargadas,
Tus palabras, dulce melodía para mi oído,
Para mi corazón, alimento,
Para mi alma, cobijo y alivio,
De la intemperie del tiempo.
Del desamparo producto del olvido,
Es que tus palabras mujer en mi tiene sentido,
Mis palabras en ti tienen su peculiar brillo,
Que poder tiene nuestras palabras,
Mágicas como abracadabra,
Nos rescata del desatino,
Y no importa las mil batallas,
Entre palabras estas tú y yo contigo.

En este preciso momento

En este preciso momento,
Cierro mis ojos,
Y me elevo al topo hiper uranus,
Como un loco y ufano,
A robar algunos versos,
A las musas del sentir humano,
En este preciso momento,
Doy gracias y rezo,

Porque al escribir mis versos,
De mi carne me libero,
De las tinieblas de este mundo atrapado,
Vengan seres y musas de lo sagrado,
Tranquila esta mi mente y dispuesta mis manos,
Eleven mi mente y alma hasta lo más sagrado.
Donde las palabras son saetas en el ángel del amor para un enamorado
Donde la palabra es consuelo para un corazón abandonado.
Vengan seres de luz y musas de lo sagrado,
Henchido esta mi corazón,
Y estoy solo en mi pieza y no pienso disimularlo,
Estoy solo con la palabra,
Como bella mujer en mi mente danza,
Y soy por ella danzado.

No entran en el féretro, los bienes marcado con el apego, tan solo: pensamientos, conocimientos, el amor que dimos y su ausencia, el egoísmo, serán lo jueces de lo que hemos vividos

Cuando..

Cuando lleguen los últimos
Respiros,
Guarde mis últimos sueños,
Por los que suspiramos,

Que todavía en las noches a solas miro,
Para que en la realidad encontrarlos,
Y ser el total dueño,
De lo soñado.
Deseos y anhelos humanamente no alcanzados,
Ya sea que mis billetes son pequeños,
Para poder comprarlos,
Pero ya el tiempo se muestra mezquino,
Porque inflexible se muestra mi carne,
Mi osamenta lenta con movimientos pesados,
Aunque estos cambios son mi destino,
En mi reloj, más cuerda no puedo darme,
Se fugaran los segundos en mí atrapado,
Y quieto quedara mi cuerpo, impávido,
Cubierto de madera y enterrado,
Y a rey muerto rey puesto,
Dicen las letras del pasado,
¿Alguien tomara mis pisadas para seguir mis caminos, los que deje
caminados?
¿Habrán ojos dolidos,
Con dolores derramados?
¿Habrá ilusiones rotas, un silencioso suspiro,
Un grito de ausencia de un corazón enamorado?
Y en el jardín de la paz quedara mi cuerpo frio,
Por lo que falta vivir,
Y por lo vivido,
Y estaré esperando de rodillas y henchido,
Suplicante ante lo que va a venir,
Suplicante ante lo desconocido,
Cuando lleguen a mi vida los últimos respiros.

En la ventana

En el cristal que mi vista derrama,
Suave atención en la lejanía,
Lozana viaja la bella dama,
Y con ella se lleva jirones del alma mía.
Y en el umbral de su existencia,
Por no ser osado, mi corazón calla,
O por ser pobre y apocada mi alma,
O tengo poco valorada mi vida,
Pero mi ser ama con la mirada,
De alguna forma es mía,
Y cada vez es más pequeña su imagen,
Cuanto más se aleja mi niña,
Quizás vuelva la otra semana
Como de costumbre,
Mi alma enamorada,
No encuentra razones para que el amor
Lo derrumbe,
Amor es amor en la nobleza y en la servidumbre.
Y en el interior de mi aposento,
Tan solo viajo con ella,
En el pliegue de sus momentos,
Pegado estoy a mi princesa,
No soy el queda inmortalizado en un monumento,
O compro su notoriedad con las riquezas,
Soy fiel en mi proceder y la virtud es mi nobleza,

Caminando en la campiña

Un sol suave acaricia la campiña,
Vestida de blanco y la briza fría,
Es que el otoño desvistió los árboles,
Para que la primavera la vista,
Como desparramando sus vestidos antes tímidos arreboles,
Y un sol incierto que no se impone,
Lo que ante era verde, ahora hojarasca marrones,
Pero la naturaleza con su simpatía,
Ya está tejiendo ropas verdes, nuevas y finas,
Como ella todo cambia,
Hablo con el tiempo
Para que cambie la mía,
Desparrama mis vivencias,
En el espacio y los momentos,
De tu amor ya no soy el reflejo,
Desnudo estoy, mi alma vacía,
Ahora estoy sin ti y las escarchas
Con la tenue luz brilla,
En esta mañana fría,
Mis pies lento como buscando calma,
Los pájaros ausente,
Su presencia ya no se siente,
Su trinar, su algarabía,
Se fueron para otras tierras,
Donde cálida es la existencia misma.
Algunas veces en ti pienso,
Como las hojarascas que con el viento baila,
En una secreta melodía,
Como era tu presencia,
Que hacia vibrar el alma mía.
Y testigo son los arreboles,

El tenue sol y la campiña,
Mi corazón sintiendo,
Mis pies lentos caminan,
La mente con mil controles,
Para que tu imagen juegue en mi vida.

No

No, no quiero seguir tus pasos,
A ocultas y yo escondiendo,
El estrepitar de mi alma ante tu presencia,
Manojo de sensaciones, mis sentimientos,
Algunas veces la cordura no alcanzo,
Y contigo en mi alma padezco demencia,
Quiero seguir en la armonía, la paz, sabia ciencia.
Que sentir, que por ti muero,
Y si a ti, bordear mi vida te contenta,
Yo contemplándote a lo lejos,
Me siento adicto a tu presencia, por rato pienso en ti, otras me niego,
Esa locura lleno de fresca inocencia,
Locura la mía, no poder calmar este desasosiego.
Y en esta tensa vida de que tu no quieres y yo si quiero,
Escuchar mi ego, no tiene consuelo,
Que quiere tenerlo todo bajo su imperio,
Es que eres como el ave, que libre es su vuelo,
Y ahí estamos tensando el alma,
Que tú no quieres y yo quiero.
Llevar la antorcha de un amor cierto,
Curtiendo nuestros ego en el encuentro,
Por eso no, no quiero seguir tus pasos,

A ocultas y yo escondiendo,

Ya es hora de jubilarme

Ya es hora de calmar el musculo
En esta cotidiana lucha,
Porque ya estoy llegando a buen puerto,
En esta larga travesía,
La desavenencia oculto,
Quedándome con las alegrías
Que deguste en el día a día,
Las gozosas presencias y son muchas.
Y varado esta mi barco
Preparando mi alma para mi partida,
Es que el tiempo no me permite
Truncada esta mi gozosa salida,
Ya estaré en mi barca, en el mar de la nueva vida
Recuerdo serán aquellas luchas y sus compañías,
Desierta estará mi alma,
Vacía de momentos, de voces y miradas,
Vacía de corazones que conmigo caminaban,
En la lucha de cotidiana vigilia,
Vacía estarán mis mañanas,
En esta nueva vida
Que Dios me tiene asignada.
Ya no estarán las miradas,
Los murmullos a escondidas,
La miradas tiernas, confiadas, y amigas,
Ustedes serán el dulce recuerdo, aunque la yerba de mi mate sabe
amarga,
Ya vendrán nuevos desafíos,
Como semillas para ser sembradas.
Y ya tengo escrita mi bitácora de vuelo,

De actividades viejas,
Que en el pasado deje enterradas,
Sacare del letargo esas emociones tiesas,
Y darles nuevos movimientos, articularlas,
Buscar esas viejas sensaciones
Con las que entonces soñaba,
Y así lentamente prepararme,
Y ante el último encuentro, mi vida preparada,
Para responder si valió la pena enamorarme,
No sé si con amor por amor se vive,
O amor por amor salvarse,
Porque por amor fue el eterno encuentro,
Y tú el hilo fino el encontrarte.
Porque coses y une los momentos,
Las personas y los instantes,
Me pides soltar las velas en este último viaje,
Porque el encuentro está escrito,
Y tú viajas conmigo a todas partes.

Tú el Olvidao

A ti el olvidao,
Que con tu pensar,
Sueles atar y desatar,
Mover, cambiar, crear,
Y tantas acciones en ti están,
Como también el nacimiento,
Nos piensas en tu eternidad,
Y nos haces vivir momentos,
Para construir el ejercicio del encuentro,

Sepultando nuestra vanidad.
Tú que eres el olvidao,
Siempre con nosotros quieres estar,
Y tu imagen bordada en nosotros,
Recrea nuestra realidad,
Desde el silencio nos llamas,
Desde el dolor,
Desde la soledad
Tiras tus hilos finos
Que atraviesa nuestra humanidad.

Tú que eres el olvidao,
Siempre con nosotros estas,
Aunque no estés en nuestras mentes,
En los puntos de inflexión,
Cuando bajamos los brazos,
Y muere nuestra acción,
Ahí estas presente golpeando
Las puertas de nuestro corazón.
Y esperas paciente,
Que te encontremos en este mundo consciente,
En nuestros pasos en nuestros caminos
Buscando la razón,
Como melodía de unas cuerdas que vibran en el diapasón,
Melodía que acompaña
La vida serena y caminando,
Tu rostro eterno siempre está presente.
Señor de la creación.

La vida en esta tierra es tan solo un tejido,
de ausencias, sentimientos, suspiros, amor que se entrega, amor en el olvido, es la trama en el tiempo, tiempo vivido.